3
프시케를 사랑한 에로스

주니어RHK

신화의 가치

신화는 한 민족의 기원이나 역사적 · 종교적 · 문화적 삶의 모습을 보여 주는 옛이야기입니다. 주로 신과 영웅에 관한 이야기가 많고, 오랫동안 입에서 입으로 전해 내려왔다는 특징이 있지요.

우리가 살펴볼 그리스 로마 신화는 고대 그리스와 로마에 전해 오는 신화와 전설을 한데 묶은 것입니다. 그리스 로마 신화는 고대의 삶을 엿보게 해 주는 문화유산일 뿐만 아니라, 세계 여러 나라의 문학과 미술에 큰 영향을 끼쳤습니다. 하지만 문화적 가치만큼이나 중요한 것이 또 있습니다. 오래된 옛이야기이면서도 거기에 담긴 교훈적 가치가 오늘날에도 여전히 쓸모 있고 중요하다는 사실입니다.

놀랍지 않나요? 수천 년 전의 이야기가 어떻게 과학 문명이 고도로 발달한 오늘날에도 통하는 것일까요? 그것은 바로 그리스 로마 신화에 나오는 신과 영웅의 모습이 오늘날 우리의 모습과 다르지 않기 때문입니다. 신들도 우리처럼 분노하고, 질투하고, 실수를 하지요. 그런 모습을 보면서 우리는 깔깔 웃거나 눈물을 흘리고, 교훈과 감동을 얻습니다. 우리가 그리스 로마 신화를 읽어야 하는 까닭이 바로 이것입니다.

신화의 세계로 떠날 여러분에게 한마디 덧붙이자면, 신화는 우리에게 끝없는 상상력을 요구한다는 점입니다. 신화 속에는 수많은 은유와 상징이 곳곳에 널려 있지요. 따라서 신화를 읽을 때에는 상상력을 최대한 발휘하여 신화 속에 숨겨진 의미를 찾고, 그것을 자기 나름대로 재해석하는 과정이 필요합니다. 이렇게 읽었을 때에야 비로소 여러분 앞에 놀라운 삶의 이야기가 펼쳐질 것입니다.

자, 그럼 흥미진진한 신화의 세계 속으로 함께 떠나 볼까요?

프시케 공주는 어디도 흠잡을 데 없을 만큼 아름다웠지요.
프시케의 아름다움에 대한 칭찬은
미의 여신 아프로디테의 귀에까지 들어갑니다.
아프로디테는 프시케에 대한 질투와 분노로
아들 에로스를 시켜 벌을 내리려고 하지요.
하지만 일은 전혀 예상치 못한 방향으로 흘러갑니다.
과연 프시케의 앞날은 어떻게 될까요?

주요 등장인물

에로스

아프로디테의 아들로,
사랑의 신이에요.
신과 인간에게 화살을 쏘아
사랑이나 미움을 싹트게 하는
능력이 있어요. 프시케를 보는 순간
실수로 자신의 화살촉에 찔려
그녀를 사랑하게 돼요.

아프로디테

아름다움과 사랑의 여신으로,
올림포스의 여신들 가운데
가장 아름다운 여신으로
꼽혀요. 상대방의 마음을
잘 유혹하고 질투심이 많아요.

제피로스

서풍의 신으로,
트라키아 동굴에 산다고 해요.
프시케와 에로스 사이를
이어 주는 역할을 해요.

프시케

아름다운 외모로 사람들로부터
많은 사랑을 받아요.
하지만 그것 때문에
아프로디테 여신의 미움을 사지요.
괴물 남편과 결혼하게 될 것이라는
아폴론의 신탁을 받고,
순순히 운명을 따라요.

1
아름다운 공주 프시케

프시케 공주는 성문 밖으로 천천히 걸어 나갔습니다.

“우아! 프시케 공주님이 나오셨다!”

“어쩜 저렇게 눈부시도록 아름다울까?”

옛날 어느 나라에 어여쁜 세 공주가 있었습니다. 공주들은 누구나 한 번 보면 넋을 잃을 만큼 아름다워 먼 이웃 나라에까지 소문이 자자했습니다. 그중에서도 막내 공주인 프시케가 가장 아름다웠습니다. 맑은 눈, 귀여운 입술, 부드럽게 물결치는 머리카락, 게다가 마음씨까지 고왔답니다.

"프시케 공주님은 정말 아름다워."

"맞아. 그냥 쳐다보고만 있어도 숨이 탁 막힐 것 같아."

그 나라 백성들뿐만 아니라 소문을 듣고 찾아온 이웃 나라 사람들까지 프시케의 아름다움을 침이 마르도록 칭찬했습니다.

사람들은 프시케의 얼굴을 보려고 날마다 성문 앞에 모여들곤 했습니다.

"공주님 오늘은 유난히 더 아름다우세요."

"고마워요, 여러분."

프시케는 항상 웃는 얼굴로 백성들에게 인사했습니다.

어느 날, 두 언니가 프시케를 불렀습니다.

"프시케, 사람들이 오늘도 성문 앞에 구름 떼처럼 몰려왔구나. 어서 나가서 손이라도 흔들어 주렴. 너를 보려고 다른 나라 사람들까지 먼 길을 달려왔다고 하더라."

"예, 언니들. 그럼, 잠시 나가서 인사하고 올게요."

살포시 미소 짓는 프시케의 장밋빛 뺨이 더 발그레해졌습니다. 프시케가 자리를 뜨자 언니들은 부러운 눈길로 프시케의 뒷모습을 바라보며 말했습니다.

"도대체 우리가 프시케보다 못한 게 뭐람?"

"맞아. 우리도 미모만큼은 프시케한테 전혀 뒤지지 않는데, 모두 프시케만 찾으니 속상해."

언니들은 프시케의 아름다움을 *칭송하는 사람들이 못마땅해서 한참을 투덜거렸습니다.

*칭송 훌륭한 것을 잊지 않고 일컬음.

성문 밖은 프시케의 얼굴을 보려고 모여든 사람들로 북적거렸습니다. 프시케 공주는 성문 밖으로 천천히 걸어 나갔습니다.

"우아! 프시케 공주님이 나오셨다!"

"어쩜 저렇게 눈부시도록 아름다울까?"

수많은 사람들이 아름다운 프시케를 향해 손을 흔들었습니다. 프시케의 아름다움을 찬양하는 뜻으로 향기로운 꽃잎을 흩뿌리는 사람도 있었습니다. 활짝 웃으며 사람들에게 손을 흔드는 프시케의 얼굴이 햇살에 반짝거렸습니다. 프시케를 바라보는 사람들은 모두 가슴이 콩닥콩닥 뛰어서 어쩔 줄 몰랐습니다.

"말로만 듣던 프시케 공주님을 직접 눈으로 보다니! 이게 꿈은 아니겠지?"

"역시 소문대로 빼어난 미모를 지닌 분이야! 마치 살아 있는 여신 같다니까."

"아프로디테 여신보다 우리 프시케 공주님이 더 아름다울 거야. 아무리 여신이라도 프시케 공주님의 미모는 따라올 수 없지, 암."

이처럼 프시케는 모든 사람들로부터 사랑받았고, 아름다움을 상징하는 존재가 되었습니다. 사람들은 프시케의 이름만 나와도 입가에 미소를 지었습니다. 또 프시케를 위해 노래를 지어 부르고, 프시케가 지나가는 길마다 꽃잎을 뿌리며 환영했습니다. 지금껏 아프로디테 여신에게 바치던 존경과 *찬사를 프시케에게 바친 것입니다.

*찬사 칭찬하거나 찬양하는 말이나 글.

2
아프로디테의 분노

"하찮은 인간 따위가 감히 나보다도 아름답다고?
아름다움의 여신은 바로 나라고! 어리석은 것들 같으니!"
아프로디테의 분노는 쉽게 가라앉지 않았습니다.

프시케에 대한 소문은 미의 여신 아프로디테의 귀에까지 들어갔습니다. 아프로디테는 사람들이 프시케의 아름다움을 찬양하는 것을 도저히 참을 수가 없었습니다.

"하찮은 인간 따위가 감히 나보다도 아름답다고? 아름다움의 여신은 바로 나라고! 어리석은 것들 같으니!"

아프로디테의 분노는 쉽게 가라앉지 않았습니다. 비단결 같은 머리카락이 곤두설 정도로 잔뜩 화가 난 아프로디테는 벌게진 얼굴로 소리쳤습니다.

"나의 아름다움은 제우스 님도 인정했어! 트로이의 파리스도 내가 모든 여신들 가운데 가장 아름답다고 했지. 헤라와 아테나도 내 아름다움 앞에 무릎을 꿇었건만, 저 몹쓸 계집아이가 나에게 도전장을 내밀어? 흥, 하찮은 인간 주제에 어디 두고 보자."

아프로디테는 프시케에게 벌을 내리고 자신의 *명예를 되찾겠다고 마음먹었습니다.

"프시케! 각오해라. 너의 *분에 넘치는 아름다움 때문에 언젠가 큰 고통을 겪게 될 것이다."

*명예 세상에서 훌륭하다고 인정되는 이름이나 자랑. 또는 그런 품위.
*분 자기 신분에 맞는 한도.

사랑과 미의 여신 아프로디테

〈아프로디테의 탄생〉 산드로 보티첼리

아프로디테는 제우스와 바다의 요정 디오네 사이에서 태어난 딸이라고도 하고, 바다의 거품에서 태어났다고 전해지기도 해요. 이 그림은 바다의 거품에서 태어난 아프로디테가 조개를 타고 파도에 떠밀려 키프로스 섬으로 올라온 모습을 그린 것이에요. 왼쪽에는 산들바람인 아우라에게 감싸인 서풍 제피로스가 있고, 오른쪽에는 봄과 꽃의 여신 플로라가 옷을 들고 아프로디테를 맞이하고 있어요.

아프로디테는 서둘러 자신의 아들 에로스를 불렀습니다. 날개가 달린 에로스는 사랑의 신으로, 어린아이의 모습을 한 장난꾸러기였습니다.

"어머니, 저예요. 에로스가 왔어요."

"오, 사랑스런 내 아들, 어서 오너라."

"어머니, 그런데 어머니의 신전이 왜 이렇게 썰렁해요?"

에로스의 말에 아프로디테는 더욱 속이 상했습니다. 아프로디테는 긴 한숨을 내쉬며 말했습니다.

"아들아, 이제 아무도 나의 신전을 찾지 않는단다."

"네? 어머니의 신전을 찾지 않는다고요? 어머니의 아름다움을 찬양하며 신전 문턱이 닳도록 찾던 사람들이 다 어디로 갔는데요?"

"이게 모두 프시케라는 건방진 계집아이 때문이야!"

아프로디테는 울컥 화가 치밀어 에로스에게 *하소연을 늘어놓기 시작했습니다.

*하소연 억울한 일이나 잘못된 일, 딱한 사정 따위를 간절히 호소함.

"아들아, 네가 이 어미의 복수를 해 다오. 하찮은 인간의 아름다움에 내가 밀려나는 것이 말이나 되니? 분수에 넘치는 아름다움 때문에 사람들에게서 칭송을 받는 저 프시케를 당장 혼내 주고 싶구나."

늘 장난이 치고 싶어 근질근질하던 에로스는 아프로디테의 말에 귀가 솔깃해졌습니다.

"프시케를 혼내 주고 싶으세요?"

"그래, 나를 이렇게 고통스럽게 했으니 벌을 받는 것은 당연한 일이지. 저 계집아이에게 사랑의 화살을 쏘아 이 세상에서 가장 끔찍하게 생긴 괴물과 사랑에 빠지게 해 다오."

에로스는 어머니의 명령대로 당장 활과 화살을 준비했습니다. 재미있는 장난을 칠 수 있겠다는 생각에 잔뜩 신이 났지요.

에로스는 활과 화살을 어깨에 둘러메고 프시케가 사는 성으로 서둘러 날아갔습니다.

아프로디테와 그녀의 아들 에로스

〈아프로디테에게 불평하는 에로스〉 루카스 크라나흐

아프로디테와 에로스는 다정한 모습으로 그림에 자주 등장해요. 이 그림은 벌집을 훔치려다 벌에 쏘인 에로스가 아프로디테에게 불평하는 모습을 그린 것이에요. 에로스는 종종 신이나 사람들의 마음에 장난을 쳤는데, 그것은 에로스가 쏜 화살에서 비롯된 일이었지요. 남에게 화살을 쏘아 상처를 입히는 에로스가 자신도 화살과 비슷한 벌침을 맞고 투덜거리는 모습이 무척 재미있게 느껴지는 그림이에요.

3
프시케를 사랑하게 된 에로스

"아, 이럴 수가. 이렇게 아름다운 인간이 있다니!"
에로스는 달빛에 드러난 프시케의 얼굴을 보고
탄성을 질렀습니다.

에로스는 프시케의 방 창가로 날아가 살며시 들어갔습니다. 프시케는 깊은 잠에 빠져 있었지요.

에로스는 얼른 화살을 꺼내 프시케를 향해 활을 겨누었습니다. 그런데 에로스가 막 *활시위를 당기려는 순간, 프시케가 몸을 움직였습니다. 에로스는 재빨리 활을 뒤로 숨기고 숨을 죽였습니다. 프시케가 몸을 뒤척이며 얼굴을 돌리자, 때마침 달빛이 프시케의 모습을 밝게 비추었습니다.

***활시위** 화살을 걸어서 잡아당기는 줄.

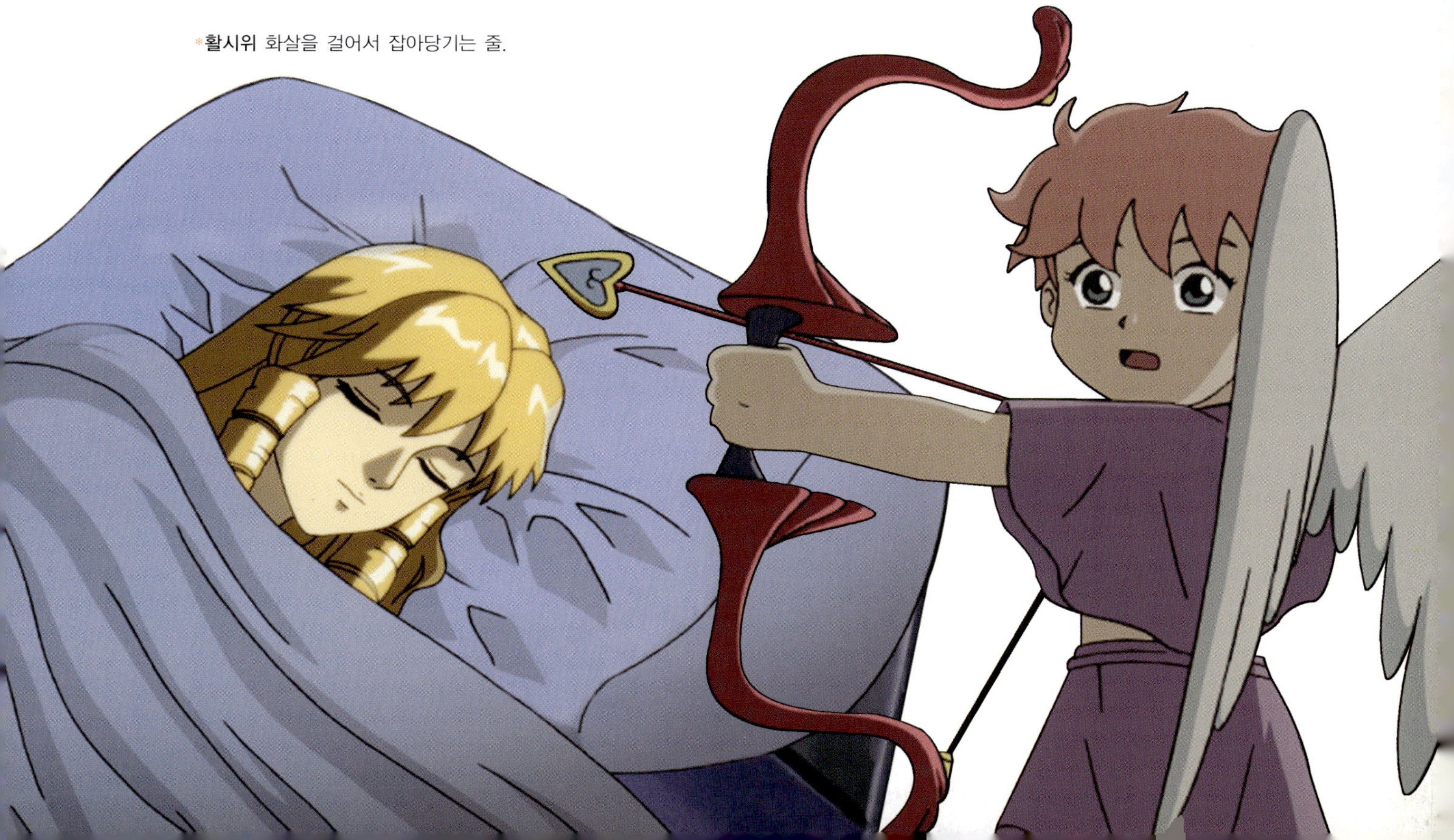

"아, 이럴 수가. 이렇게 아름다운 인간이 있다니!"

에로스는 달빛에 드러난 프시케의 얼굴을 보고 *탄성을 질렀습니다. 잠시 넋이 나간 에로스는 손에 들고 있던 화살촉에 그만 자신의 손등을 찔리고 말았습니다.

"아얏!"

에로스는 저도 모르게 비명을 지르고 나서 깜짝 놀라 프시케를 바라보았습니다. 다행히 프시케는 깨지 않고 그대로 잠들어 있었습니다.

'휴, 다행이다.'

*탄성 몹시 감탄하는 소리.

그러나 문제는 그게 아니었습니다. 실수로 사랑의 화살에 찔린 에로스가 프시케를 보고 만 것입니다. 에로스는 프시케를 향해 사랑의 감정을 느꼈습니다.

"어떻게 내게 이런 일이……."

프시케를 골탕 먹이려고 했던 계획이 크게 빗나간 것이지요.

에로스는 난생 처음으로 누군가를 사랑하게 되었습니다. 이러한 마음의 변화는 에로스의 몸도 바꾸어 놓았습니다. 에로스는 점점 자라기 시작하더니 순식간에 아름다운 청년으로 변했습니다. 사랑에 빠진 에로스는 이제 어린아이가 아니었습니다.

에로스의 여러 모습

에로스는 보통 어린아이의 모습으로 그려져요. 그런데 사실 처음부터 그런 것은 아니었답니다. 아주 오래전에는 가이아(대지)와 함께 무척 강하고 두려운 존재로 그려졌어요. 그러다가 점차 아프로디테와 아레스 사이에서 태어난 아이로 여겨지면서 여러 그림과 문학 작품 속에서 아름다운 청년으로 묘사되었지요. 그러다가 더 나중에는 장난꾸러기 어린아이로 표현되었답니다. 그 뒤로는 어깨에 날개가 달리고 항상 활과 화살을 들고 다니는 모습으로 굳어지게 되었어요.

4
프시케의 슬픈 운명

"프시케는 인간과 결혼할 운명이 아니다.
그대들의 딸 프시케를 외따로 떨어진 높은 바위산 꼭대기에 두어라.
그러면 남편이 나타나 프시케를 데려갈 것이다."

한편 프시케의 두 언니들은 이웃 나라 왕자들과 결혼을 앞두고 있었습니다. 프시케는 사랑하는 사람을 만나 결혼을 하게 된 언니들이 부러웠습니다.

"언니들, 결혼을 진심으로 축하해요!"

"그래, 고맙다. 그런데 넌 언제 결혼할 거니? 아직도 너에게 *청혼하는 남자가 없다면서?"

"예……."

프시케는 애써 미소를 지으며 힘없이 대답했습니다.

프시케의 미모를 찬양하는 사람들은 많았지만, 정작 용기 있게 나서서 프시케에게 청혼을 하는 사람은 한 사람도 없었던 것입니다. 그 많은 왕족과 귀족, 하다못해 평민들 중에도 감히 프시케를 아내로 맞이하겠다고 생각하는 사람은 단 한 명도 없는 듯했습니다.

‘나는 언제쯤 결혼을 하게 될까? 나도 언니들처럼 멋진 사람을 만나 결혼하고 싶은데…….’

결혼 준비를 하느라 바쁜 언니들을 부러운 눈길로 바라보던 프시케는 시간이 흐를수록 점점 외로워졌습니다. 언니들이 결혼을 해서 궁을 떠나자 외로움은 더욱 심해졌습니다. 이제는 사람들이 자신의 아름다움을 아무리 칭찬해도 하나도 기쁘지 않았습니다. 그저 자신을 진심으로 사랑해 줄 사람을 만나고 싶을 뿐이었습니다.

*청혼 결혼하기를 청하는 것.

프시케의 부모인 왕과 왕비는 마음이 편치 않았습니다.

"여보, 아무도 프시케에게 청혼을 하지 않으니, 이 일을 어쩌면 좋죠?"

"그러게 말이오. 프시케의 아름다움을 그렇게 칭찬하면서도 정작 결혼하자고 하는 사람은 없으니, 원."

"혹시 우리 프시케가 신의 노여움을 산 건 아닐까요?"

왕비가 걱정스러운 눈빛으로 조심스럽게 말을 꺼냈습니다. 그러자 왕이 심각한 얼굴로 대답했습니다.

"음, 그러게 말이오. 아무래도 신탁을 들어 보는 게 좋겠소."

왕과 왕비는 신탁을 듣기 위해 델포이의 신전을 찾아갔습니다.

신의 뜻, 신탁

신탁은 인간이 판단할 수 없는 아주 어려운 문제를 신에게 물었을 때, 신이 예언자 등의 사람을 통해 그 답을 말해 주는 것을 뜻해요. 서양 역사에서 가장 유명한 신탁은 고대 그리스의 델포이 신탁이었어요. 이 신탁을 듣기 위해 아주 먼 나라의 사람들까지 찾아왔다고 해요. 신전에는 '피티아'라고 불리는 무녀가 있었는데, 이 사람을 통해 아폴론 신의 신탁을 받았답니다.

왕과 왕비가 신전에 도착하자, 예언가가 물었습니다.

"너희는 무슨 일로 이곳을 찾아왔느냐?"

"저희에게는 눈에 넣어도 아프지 않은 예쁜 세 딸이 있습니다. 첫째와 둘째는 모두 결혼하여 행복하게 살고 있지만, 사랑스런 막내딸 프시케는 아직까지 청혼조차 받지 못했습니다. 그 이유가 무엇인지 듣고 싶습니다."

예언가는 신탁을 받기 위해 잠시 자리를 비웠습니다. 그리고 얼마 뒤 돌아와서 아폴론에게서 받은 신탁을 들려주었습니다.

"프시케는 인간과 결혼할 운명이 아니니다. 그대들의 딸 프시케를 외따로 떨어진 높은 바위산 꼭대기에 두어라. 그러면 남편이 나타나 프시케를 데려갈 것이다. 프시케의 남편으로 정해진 이는 인간이 아닌 힘센 괴물이다. 프시케는 그 괴물을 영원토록 사랑하며 살게 될 것이다. 이것이 아폴론 님의 뜻이니라."

프시케가 괴물의 아내가 되어야 한다는 말에 왕과 왕비는 커다란 슬픔에 잠겼습니다. 할 수만 있다면 그 신탁을 거스르고 싶었지요. 하지만 이 신탁은 프시케를 사랑하게 된 에로스가 아폴론에게 부탁한 것이었습니다.

프시케는 신탁을 듣고 *시름에 잠긴 부모님을 위로했습니다.

"아버지, 어머니, 너무 슬퍼하지 마세요. 지금까지 제가 분에 넘치는 명예를 누렸기에 아프로디테 여신의 벌을 받은 것인지도 몰라요. 저는 제 운명을 슬퍼하지 않고 순순히 따를 거예요. 그러니 저를 바위산 꼭대기로 데려다 주세요."

왕과 왕비는 프시케의 말에 깜짝 놀랐습니다. 하지만 프시케가 자신의 운명을 받아들이겠다고 하니 어쩔 수 없었습니다. 왕과 왕비는 조용히 프시케 공주의 결혼식을 준비했습니다.

*시름 마음에 걸려 풀리지 않고 남아 있는 근심과 걱정.

프시케를 데리고 가는 긴 행렬이 바위산을 향해 출발했습니다. 결혼은 누구에게나 기쁜 일이지만, 프시케의 결혼은 모두를 슬프게 만들었습니다. 왕과 왕비는 하염없이 눈물을 흘리며 막내 공주 프시케를 바라보았습니다. 프시케의 슬픈 눈을 보고 있자니 긴 한숨이 절로 나왔습니다.

이윽고 산꼭대기에 이르렀습니다. 소리 없이 흐느끼던 프시케는 눈물을 닦으며 부모님에게 마지막 인사를 건넸습니다.

"아버지, 어머니. 제 걱정은 마시고, 부디 오래오래 행복하게 사세요."

사람들은 프시케를 남겨 두고 힘없는 발걸음으로 산을 내려왔습니다. 왕과 왕비는 뻥 뚫린 듯한 가슴을 부여잡고 자꾸만 프시케를 돌아보았습니다. 이보다 슬픈 결혼식은 여태껏 없어 보였습니다.

이제 산꼭대기에는 프시케 혼자만 남았습니다. 아무도 없는 산꼭대기에 홀로 서서 괴물 남편을 기다리던 프시케는 갑자기 공포에 휩싸여 몸서리를 쳤습니다.

'아, 내 운명은 어째서 이다지도 슬픈 걸까? 괴물 남편과 어찌 한평생을 살지?'

프시케의 눈에서 눈물이 뚝뚝 떨어졌습니다. 그때 어디선가 휘이잉 바람이 불어왔습니다. 프시케가 바람이 불어오는 곳을 향해 고개를 돌리자 누군가가 하늘에서 프시케를 향해 다가오고 있었습니다.

"누, 누구세요?"

프시케가 겁에 질린 표정으로 물었습니다.

"프시케 공주, 두려워하지 말아요. 난 *서풍의 신 제피로스랍니다. 당신을 남편에게 데려다 줄 테니, 어서 이 구름 위에 타세요."

제피로스는 프시케를 사뿐히 구름 위에 태우고 날아갔습니다.

*서풍 서쪽에서 불어오는 바람.

프시케를 나르는 제피로스

〈제피로스에게 실려 가는 프시케〉 피에르 파울 프로동

서풍의 신 제피로스가 프시케를 싣고 하늘 위로 떠오르는 모습이에요. 제피로스는 새벽의 여신 에오스의 아들로, 남풍의 신 노토스와 북풍의 신 보레아스와 형제 사이예요. 문학 작품에서는 제피로스가 가장 고요한 바람으로 그려져요. 보통 젊은 남자의 모습으로 등장하며 서풍의 신답게 새싹이 나고 꽃이 피는 봄이 다가옴을 알려 주는 신이랍니다.

언덕을 넘어 골짜기를 지나자 아름답고 *휘황찬란한 궁전이 나타났습니다.

"이곳이 당신이 살게 될 궁전입니다."

제피로스는 프시케를 내려놓고 순식간에 휙 사라져 버렸습니다. 프시케는 마음을 가다듬고 궁전을 바라보았습니다.

"정말 이곳에 괴물 남편이 살고 있는 걸까?"

프시케는 믿어지지 않았습니다. 그곳은 전혀 괴물이 사는 곳 같지 않았거든요. 수정같이 맑은 샘이 솟아나고, 울창하게 우거진 숲도 참 아름다웠습니다. 궁전 또한 사람이 아닌 신에 의해 만들어진 곳처럼 *웅장하고 화려했습니다.

"아, 마치 신들이 사는 궁전 같아."

*휘황찬란한 광채가 나서 눈부시게 번쩍이는.
*웅장하다 규모 따위가 거대하고 성대하다.

5
아름다운 남편

"누, 누구세요?"

"두려워 마요. 나는 당신의 남편입니다."

침대 머리맡에서 무척이나 부드럽고 아름다운

남자의 목소리가 들려왔습니다.

프시케는 용기를 내어 궁전 안으로 들어갔습니다. 조심스레 발걸음을 옮기던 프시케는 궁전 안의 아름다운 장식과 화려한 조각상을 보며 입을 다물지 못 했어요. 천장을 받친 황금 기둥과 벽을 장식한 뛰어난 예술품들이 프시케의 눈을 사로잡았습니다.

"내가 꿈을 꾸고 있는 건 아닐까?"

프시케의 마음을 가득 채웠던 슬픔과 두려움은 어느새 사라졌습니다.

프시케는 이곳저곳을 다니며 궁전 안의 수많은 방들을 구경했습니다. 방마다 아름다운 장식품으로 예쁘게 꾸며져 있었습니다.

그때 프시케의 눈앞에 커다란 방이 나타났습니다. 역시 화려하고 아름다운 그 방 한가운데에는 탁자가 있고, 그 위에는 금박으로 장식한 큼직한 상자가 놓여 있었습니다.

"이건 뭘까?"

호기심에 상자를 열어 본 프시케는 깜짝 놀랐습니다. 상자 안에는 보기 힘든 진귀한 보석들이 가득했습니다.

"세상에! 이렇게 아름다운 보석들은 처음 봐!"

프시케는 반짝거리는 보석들을 조심스럽게 집어 들었습니다.

그때 어디선가 낯선 목소리가 들려왔습니다.

"프시케 님, 이 궁전 안에 있는 것은 모두 당신의 것입니다."

프시케는 깜짝 놀라 주위를 둘러보았지만 아무도 보이지 않았습니다.

"누구세요? 숨어 있지 말고 얼굴을 보여 주세요."

"저는 프시케 님의 하인입니다. 여기까지 오시느라 고생 많으셨습니다. 비록 제 모습을 보여 드릴 수는 없지만 앞으로 제가 정성껏 모시겠습니다. 자, 그럼, 침실로 안내하겠습니다."

프시케는 상냥한 하인의 목소리를 따라 침실로 향했습니다. 화려하게 꾸며진 침실은 마치 한 폭의 그림처럼 아름다웠습니다.

"프시케 님, 이곳은 프시케 님을 위해 마련된 침실입니다. 필요한 것이 있으면 언제든 말씀하세요. 따뜻한 목욕물도 준비해 놓았으니 욕실에서 마음껏 피로를 푸셔도 좋습니다. 배가 고플 것 같아 정원에 식사도 준비해 두었습니다. 언제든지 나오셔서 드시면 된답니다."

프시케는 꿈을 꾸는 것만 같았습니다. 괴물과 결혼하면 무섭고 어두운 동굴 같은 곳에서 살게 될 줄 알았는데 말이지요.

목욕을 마치고 포근한 침대에서 한숨 자고 일어난 프시케는 배가 고팠습니다.

'아, 이제 배가 고픈데, 정원으로 나가 볼까?'

프시케는 발걸음을 옮겼습니다. 아름다운 꽃과 나무로 어우러진 정원 한가운데에는 먹음직스러운 음식들이 푸짐하게 차려져 있었습니다. 프시케는 감미로운 음악을 들으며 맛있는 음식을 배불리 먹었습니다. 잠시나마 괴물과의 결혼을 까맣게 잊고 행복한 시간을 즐겼습니다. 그러다 문득 식탁에 턱을 괴고 생각에 잠겼습니다.

‘그런데 나의 남편은 도대체 어디 있는 걸까? 그분은 정말 무시무시한 괴물일까?’

프시케는 남편이 누구이고 어떻게 생겼을지 궁금했습니다. 하지만 프시케의 궁금증에 답을 해 줄 사람은 없었습니다.

어느덧 날이 저물고 밤이 깊었습니다. 프시케는 침실로 가서 불을 끄고 폭신한 침대에 누워 스르르 잠이 들었습니다.

얼마나 시간이 흘렀을까? 갑자기 프시케의 침실에 그림자 하나가 나타났습니다. 언뜻 비치는 그림자의 형체는 무시무시하거나 끔찍한 괴물의 모습은 아니었습니다.

그림자는 잠든 프시케 곁으로 다가와 가늘고 긴 손가락으로 프시케의 머리카락을 어루만졌습니다. *인기척을 느낀 프시케는 깜짝 놀라 눈을 떴습니다.

"누, 누구세요?"

"두려워 마요. 나는 당신의 남편입니다."

침대 머리맡에서 무척이나 부드럽고 아름다운 남자의 목소리가 들려왔습니다. 남자는 프시케의 이마에 살포시 입을 맞추었습니다. 비록 얼굴은 보이지 않았지만, 프시케는 남편의 매끄러운 피부와 *싱그러운 향기를 느낄 수 있었습니다.

프시케는 남편이 어떻게 생겼는지 몹시 궁금했습니다.

*인기척 사람이 있음을 알 수 있게 하는 소리나 기색.
*싱그러운 싱싱하고 맑은 향기가 나는.

프시케에게 입을 맞추는 에로스

〈에로스와 프시케〉 프랑수아 제라르

에로스가 프시케의 이마에 입을 맞추고 있어요. 에로스는 수줍어하는 프시케를 마치 보석이라도 다루는 것처럼 조심스럽게 감싸 안고 있어요. 프시케를 보호하려는 듯 에로스는 강한 새의 날개를 하고 있어요.

"어두워서 당신의 모습을 볼 수가 없어요. 불을 켜고 얼굴을 보여 주세요."

프시케가 간절히 부탁했지만 남편은 거절했습니다.

"안 돼요, 프시케! 절대 내 얼굴을 봐서는 안 돼요."

"왜죠? 왜 내가 당신의 모습을 보면 안 되는 건가요?"

"프시케, 내 말을 잘 들어요. 당신이 나를 사랑한다면 절대로 나의 얼굴을 보려 하지 말아요. 당신이 내 얼굴을 보는 순간, 우리는 더 이상 만날 수 없게 된답니다."

"하지만 어떻게 남편의 얼굴도 모른 채, 평생을 함께 살아갈 수 있겠어요?"

"프시케, 아무것도 묻지 말고 나만 믿어요. 당신이 나를 믿고 따라 준다면 우리는 언제까지나 행복하게 살 수 있을 거예요!"

남편은 프시케의 궁금증은 풀어 주지 않고 그저 *간절하게 부탁했습니다. 프시케는 어찌할 바를 몰랐습니다.

"프시케, 부디 내 사랑을 의심하지 말아요."

*간절하게 더없이 정성스럽게.

남편은 마음이 어수선한 프시케를 따뜻하게 안아 주었습니다.

그때 창문으로 하얀 달빛이 쏟아져 들어왔습니다. 그러자 남편의 아름다운 형체가 달빛 아래로 희미하게 드러났고, 그 모습을 본 프시케는 한동안 넋을 잃고 말았습니다.

남편은 프시케에게 다시 한 번 다짐을 받았습니다.

"절대로 내 얼굴을 보지 않겠다고 약속해 줘요. 당신이 이 약속을 잘 지켜 준다면, 나는 밤마다 당신을 보러 올 거예요. 그럼 우리는 함께 즐거운 시간을 보낼 수 있어요."

"알겠어요. 반드시 약속을 지킬게요."

프시케는 고개를 끄덕이며 대답했습니다.

“아, 내 사랑 프시케, 정말 고마워요.”

어느덧 동이 트기 시작했습니다. 남편은 프시케를 남겨 둔 채 홀연히 사라졌습니다. 프시케의 입가에는 행복한 미소가 번졌습니다.

‘저렇게 친절하고 사랑이 가득한 목소리를 가진 분이 괴물일 리 없어. 그림자만 보아도 그분의 아름다움과 매력이 느껴지는걸. 아, 내 사랑.’

신화 뒷이야기 OLYMPUS GUARDIAN

프시케는 남편의 얼굴은 보지 못했지만 따뜻하고 다정다감한 남편의 행동으로 미루어 그가 무섭고 끔찍한 괴물일 리 없다고 생각합니다. 남편이 무시무시한 괴물이라는 세상의 소문에 얽매이기보다는 남편의 진실한 행동을 보고 판단을 내린 것이지요.

우리는 보통 사람의 외모나 겉모습으로 그 사람을 쉽게 판단합니다. 그렇게 겉만 보고 상대방의 진실한 모습과 진정한 가치를 오해할 때가 많지요. 하지만 과연 외모나 말이 그 사람을 나타내는 전부일까요?

독일 시인 클라우디우스는 “사람을 판단하는 데는 그가 하는 말보다 행동을 보고 결정하는 것이 낫다. 왜냐하면 행동은 좋지 않으면서 말은 그럴듯하게 하는 사람이 많기 때문이다.”라고 말했습니다. 이 말은 사람을 대할 때는 화려한 겉모습이나 요란한 말보다는 진실한 마음과 행동을 눈여겨보는 것이 중요하다는 것이지요. 또한 우리 자신도 진실한 모습을 보일 수 있도록 애써야 한다는 뜻이기도 합니다.

영국 작가 셰익스피어는 다음과 같이 말했습니다.

“당신이 순수하고 맑은 마음을 가졌다면 열 개의 진주 목걸이보다도 더 행복한 빛이 될 것이다. 당신이 비록 어려운 상황에 놓여 있다고 할지라도 당신의 마음이 진실하다면 아직 힘 있는 행복을 지니고 있는 것이다. 왜냐하면 진실한 마음에서만 인생을 헤쳐 나갈 힘 있는 지혜가 생겨나기 때문이다. 당신이 아무리 지위가 높고 지식이 많더라도 진실을 잃는다면 지위와 지식은 당신의 몸에 붙어 있지 않을 것이다.”

사람은 자신의 행동으로 인생을 만들어 간다고 합니다. 여러분도 진실한 마음과 행동으로 자신의 인생을 행복하게 이끌어 나가기를 바랍니다.

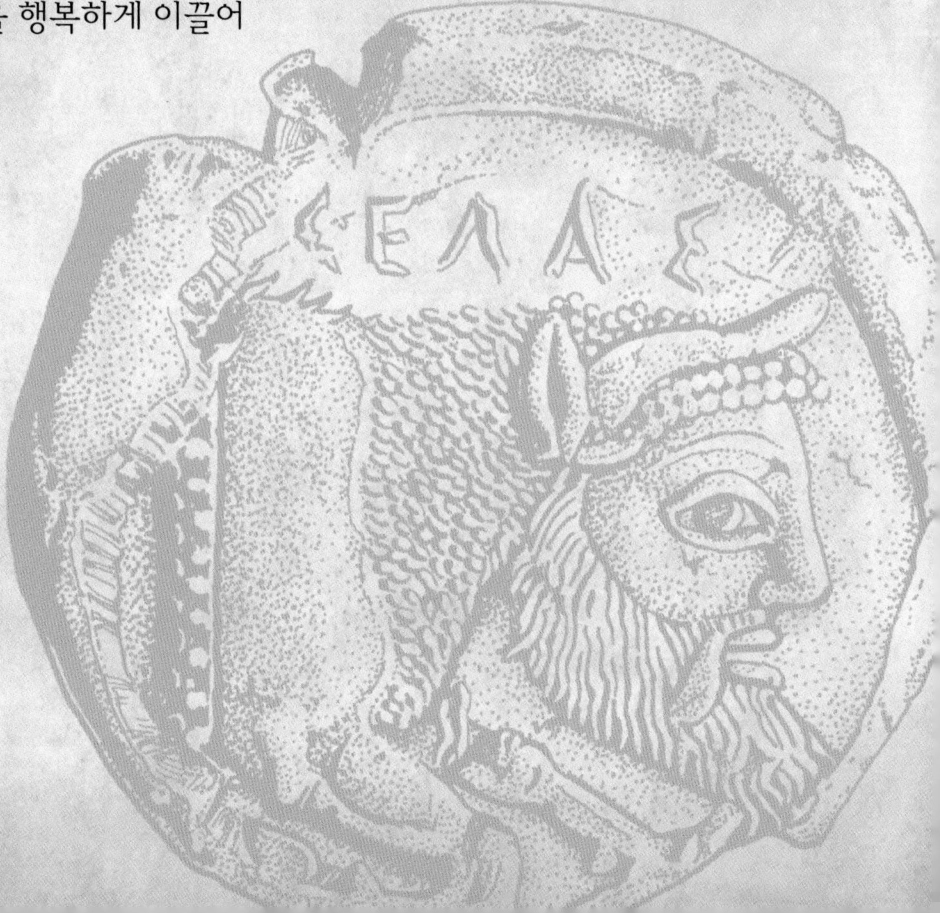

올림포스 신들의 계보

크로노스 + 레아
하데스
지하 세계의 왕
포세이돈
바다의 신
제우스
신들의 왕
헤라
신들의 여왕,
제우스의 아내
헤스티아
난로 · 불의 여신
데메테르
대지의 여신
아테나
지혜 · 전쟁의 여신
제우스 + 메티스
아폴론
의술 · 음악의 신
제우스 + 레토
아르테미스
사냥 · 순결의 여신
아스클레피오스
의술의 신
아레스
전쟁의 신
제우스 + 헤라
헤파이스토스
대장간의 신
제우스 + 디오네
아프로디테
헤파이스토스의 아내,
미의 여신
에로스
사랑의 신
헤르메스
신들의 전령,
상업의 신
제우스 + 마이아
디오니소스
술의 신
제우스 + 세멜레
페르세포네
하데스의 아내
지하 세계의 여왕
제우스 + 데메테르

⚜ 그리스 로마 신화 주요 인물의 이름 ⚜

그리스 어	로마 어	영어
가이아	텔루스	
니케	빅토리아	나이키, 빅토리
데메테르	케레스	세레스
디오니소스	바쿠스	바커스
레아	키벨레	시벨레
아레스	마르스	마스
아르테미스	디아나	다이애나
아테나	아테네, 미네르바	
아폴론	아폴로	아폴로
아프로디테	베누스	비너스
에로스	쿠피드, 아모르	큐피드
오디세우스	울릭세스	율리시스
우라노스	카일루스	유러너스
제우스	유피테르	주피터
크로노스	사투르누스	새턴
페르세포네	프로세르피나	
포세이돈	넵투누스	넵튠
하데스	플루톤	플루토
헤라	유노	주노
헤라클레스	헤르쿨레스	허큘리스
헤르메스	메르쿠리우스	머큐리
헤스티아	베스타	
헤파이스토스	불카누스	벌컨

그리스 로마 신화 올림포스 가디언 3
프시케를 사랑한 에로스

펴낸이 양원석
펴낸곳 (주)알에이치코리아
등록 2004년 1월 15일 제2-3726호
주소 서울특별시 금천구 가산디지털2로 53, 20층 (한라시그마밸리)
문의전화 02)6443-8800

ISBN 978-89-255-4358-1(74800)
ISBN 978-89-255-4354-3(세트)

값 12,800원

원작 만화로 보는 그리스 로마 신화(가나출판사)
이광진 엮음, 홍은영 그림
명화 구입처 유로크레온(주)